AF248484

BAINS

ET

LAVOIRS PUBLICS.

COMMISSION

INSTITUÉE PAR ORDRE

DU PRINCE PRÉSIDENT DE LA RÉPUBLIQUE.

Ministère

DE

l'Intérieur, de l'Agriculture et du Commerce.

1852.

BAINS ET LAVOIRS

PUBLICS.

Instructions Préliminaires.

HYGIÈNE.

La série des Plans que l'on trouvera réunis dans l'Atlas ci-joint est destinée à reproduire, sous la forme la plus claire et la plus simple, un spécimen des différents types d'Établissements modèles de Bains et Lavoirs publics; et à montrer suivant quels principes ils peuvent être le mieux appropriés aux besoins et aux ressources de chaque localité. S'il est permis d'espérer que ces exemples serviront à faire mieux comprendre sur quelles bases doivent être conçus et exécutés ces établissements, il n'est peut-être pas inutile de rappeler, en même temps, quels avantages on peut en attendre au double point de vue de la salubrité publique et de l'hygiène privée, et quelle heureuse influence ils peuvent exercer sur la santé de la population et principalement de la classe ouvrière.

Les bains rendus accessibles à tous ceux qu'en éloignaient jusqu'ici le défaut de moyens pécuniaires et l'habitude, ne peuvent manquer de réaliser avant peu une amélioration considérable dans les conditions de la santé qui est si souvent et si intimement liée à la propreté du corps. Ce n'est pas que l'artisan ou la femme du peuple doivent jamais abuser de ce moyen, qui trop fréquemment répété, trop prolongé surtout, pourrait leur donner une fâcheuse susceptibilité à l'égard des vicissitudes de températures que rend plus redoutables encore l'exercice de certains métiers et la fatigue que tous occasionnent. Mais, pris avec mesure, à une chaleur modérée et pendant un temps qui n'excédera pas vingt à trente minutes, les bains rendront à la peau son lustre et son activité, aux muscles et aux articulations fatiguées leur vigueur et leur souplesse.

Les effets en seront plus salutaires encore s'il s'agit de prévenir ou de combattre certaines maladies déterminées, qui menacent surtout ceux qui se livrent à certaines professions spéciales. Ainsi il est hors de doute que l'usage des bains chauds, répétés fréquemment et accompagnés de lotions savonneuses, est une nécessité et constitue l'amélioration la plus désirable pour plusieurs classes d'artisans exposés constamment au contact de vapeurs et de poussières nuisibles. Il est également d'une incontestable utilité d'étendre et de faciliter l'accès des bains médicinaux parmi les classes pauvres. Enfin si l'on doit désirer voir l'usage des bains chauds se propager dans la classe ouvrière, c'est encore et principalement dans l'intérêt des enfants en bas âge. Il y aurait un avantage immense, incalculable, à donner aux femmes du peuple, avec les moyens de le faire, l'habitude de baigner le plus souvent possible les pauvres petits êtres qu'elles élèvent dans des conditions trop souvent déplorables d'habitation.

On voit que si, dans les conditions ordinaires, les établissements de bains à prix réduit ou gratuits doivent réaliser un très grand progrès, au point de vue de la propreté des classes ouvrières, ils constitueront, dans certaines circonstances spéciales d'âge, de profession ou de maladie, un véritable et très grand bienfait.

Mais celui-ci serait incomplet et insuffisant si l'on n'assurait à l'ouvrier qui vient de baigner et de rafraîchir son corps, les moyens de le revêtir d'un linge propre et convenablement blanchi. Il ne faut pas que lorsque le séjour dans l'eau aura fait disparaître les traces accumulées du labeur de la semaine, le vêtement en conserve les souillures. C'est en cela que se fait sentir l'utilité des lavoirs publics et que ceux-ci se rattachent si étroitement à l'institution des bains à prix réduit.

Pour que ces établissements produisent tout le bien que l'on est en droit d'en attendre, il faut qu'ils soient, autant que possible, appropriés à leur véritable destination; et que, quelles que soient leur importance et leurs dimensions, grands ou petits, ils présentent réunies les conditions essentielles d'une bonne installation. Si l'on jette les yeux sur les plans ci annexés, on verra que sur l'échelle la plus réduite, comme sur la plus développée, on s'est attaché non-seulement à faciliter différentes opérations du blanchissage tel qu'il se pratique dans notre pays, mais encore à donner les moyens de sécher le linge promptement et complètement dans l'établissement même, soit que, en raison du climat, l'exposition à l'air libre suffise, soit qu'au contraire il faille recourir à la chaleur artificielle de l'étuve.

C'est qu'en effet cette condition du séchage est véritablement capitale, au point de vue de la salubrité; et l'on ne saurait trop insister sur son importance. Sans parler des inconvénients graves qu'il peut y avoir pour la santé des femmes, à charger, comme elles le font, sur leurs épaules leur humide fardeau, quand elles viennent de s'échauffer à un rude travail, que l'on se représente l'étroite demeure d'un ménage d'artisans où la famille la plus nombreuse se presse souvent dans une seule pièce, on comprendra que l'atmosphère déjà viciée par tant de causes diverses, doit encore se charger de la vapeur d'eau qui s'exhale du linge que fait sécher la ménagère; ce linge mouillé retient une quantité d'eau égale à son poids, et en évaluant seulement à 10 kilog. le linge rapporté au foyer domestique, il ne faudrait pas moins de plusieurs centaines de mètres cubes d'air pour enlever les dix litres d'eau dont le linge est imprégné. C'est dire que jamais le renouvellement de l'air dans le plus vaste logement que puisse occuper une famille d'artisans ne pourra suffire à faire disparaître l'eau que verse dans l'atmosphère le linge mouillé. Il en résulte que cette eau qui s'évapore plus ou moins lentement n'abandonne le linge mal séché que pour s'imprégner dans tous les coins de l'habitation, dans chaque partie de l'humble mobilier, jusque dans la paillasse du lit, jusque dans l'enduit qui recouvre les murs. Il en résulte une humidité constante, dont la source, loin de se tarir, va sans cesse s'augmentant, et dont on ne pourrait calculer les effets désastreux non-seulement sur quelques individus, mais sur des générations tout entières. On peut dire, sans aucune exagération, qu'il n'est pas une cause plus active de ces maladies constitutionnelles, de ces scrofules invétérées qui sont la plaie vive de la population pauvre de nos grandes villes. On ne saurait trop se persuader que dans une atmosphère saturée de vapeurs d'eau, toutes les fonctions organiques languissent, l'évaporation nécessaire qui se fait à la surface du corps s'arrête, et la suppression de cette exhalation naturelle est la cause des affections rhumatismales les plus graves et le germe des maladies les plus cruelles et les plus meurtrières, de la phthisie tuberculeuse, par exemple. Il n'est pas utile d'en dire davantage pour faire comprendre combien il importe d'affranchir le ménage du pauvre des inconvénients et des dangers auxquels l'expose, le séchage à domicile du linge qui vient d'être blanchi, et quels avantages immenses offrent, à cet égard, les lavoirs publics pourvus de séchoirs convenablement disposés.

En résumé, pour traduire dans un langage vulgaire mais vrai la pensée libérale et féconde qui a voulu doter notre pays des Etablissements modèles de bains et Lavoirs publics, on peut dire que : donner à l'Artisan de l'eau chaude pour se laver, du linge sec et propre pour se vêtir, en assainissant en même temps son habitation, c'est avoir réalisé l'une des plus grandes améliorations que l'on puisse désirer dans l'intérêt de la santé publique.

Constructions et Appareils.

OPÉRATIONS DU BLANCHISSAGE

A l'exception du Lavoir construit rue du Gril, à Rouen, par M.ʳ de S.ᵗ Léger, aucun des projets compris dans ce recueil n'a été composé en vue d'un terrein déterminé. On a pris à tâche de faire, en ce qui concerne les terreins sur lesquels on a projeté, les suppositions les plus probables, afin de faire voir comment les dispositions d'un établissement de bains et lavoir peuvent se plier aux différents accidents du sol. On a aussi cherché à graduer l'importance des divers projets de manière à répondre aux besoins des localités d'importance diverse. Ce ne sont donc que des spécimens que l'on présente ici, de véritables programmes dessinés, montrant, d'une manière plus nette que ne pourrait le faire une description, les parties essentielles dont de pareils établissements doivent être composés pour réaliser les perfectionnements acquis jusqu'à ce jour. Quant au lavoir de la rue du Gril, à Rouen, bien qu'il ne soit pas complet, puisqu'on n'y trouve ni buanderie ni séchoir à air chaud, il devait figurer ici et parce qu'il montre un ensemble de dispositions ingé-nieuses pour utiliser l'eau chaude d'une machine à vapeur provenant d'une usine voisine, précieuse ressource si souvent négligée et perdue, et par ce qu'il fait voir la limite dans laquelle on peut se restreindre lorsque des raisons d'économie ou des circonstances locales en font une loi.

Pour compléter l'ensemble des notions nécessaires à ceux qui auront à s'occuper de la construction d'établissemens de bains et lavoirs, il a paru utile d'indiquer ici les diverses opérations auxquelles doit être soumis le linge à blanchir. On en a extrait l'exposé d'un rapport fait à la commission des bains et lavoirs publics instituée en 1850 au Ministère de l'Agriculture et du Commerce, par ordre de M.ʳ le Président de la République. Enfin on a ajouté à la suite des projets de lavoir les

détaille de quelques appareils dont l'expérience a suffisamment démontré
l'utilité et dont on peut conseiller l'emploi.

Note sur les opérations du blanchissage.

« Les opérations du blanchissage sont au nombre de 8; ce sont :

« 1°.   l'essangeage ;

« 2°.   le lessivage ou coulage ;

« 3°.   le savonnage ;

« 4°.   le passage à l'eau de javelle ;

« 5°.   le rinçage

« 6°.   le passage au bleu

« 7°.   l'essorage ou le tordage

« 8°.   le séchage .

« « Les laveuses qui savent bien opérer ne manquent jamais d'essanger
« leur linge avant de le donner à lessiver. Mais toutes ne le font pas,
« malgré la simplicité de ce travail, qui consiste uniquement à laver
« grossièrement le linge dans l'eau pure .

« Le lessivage est l'opération capitale; voici comment elle s'exécute
« généralement : Le linge est mis dans un cuvier muni d'un robinet
« à la partie inférieure et sur lequel on verse, soit par un tuyau
« communiquant à un réservoir, soit avec des seaux, une dissolution plus
« ou moins étendue de carbonate de potasse ou de soude, à la température
« de l'eau bouillante. Cette dissolution traverse le linge, vient couler
« par le robinet du bas, est reportée à la partie supérieure, traverse
« encore le cuvier et ainsi de suite pendant 9 ou 10.ʰ Ce système, outre
« qu'il est très long, est loin de débarrasser parfaitement le linge des
« souillures qu'il contient. Il paraît que sous l'influence subite de
« dissolutions alcalines, même concentrées, à la température de 100 °,
« certaines taches s'imprègnent dans le linge et s'y fixent tellement
« qu'elles ne peuvent plus disparaître. Pour remédier à cet inconvénient
« un ouvrier a imaginé, il y a quelques années, un appareil excellent,
« où la lessive passe, d'abord froide, sur le cuvier et s'échauffe

« insensiblement, à chaque circuit, jusqu'à ce qu'elle soit bouillante.
« Elle continue alors à circuler à travers le linge, tant qu'on peut
« endurer la main sur le fond du cuvier. Quand cela devient difficile,
« l'opération est terminée. Elle a duré 2^h ou $2^h \frac{1}{2}$, et n'a nécessité
« qu'une lessive marquant $3°$ ou $3° \frac{1}{2}$ au pèse-liqueur, au lieu de $4°$ ou $5°$
« qu'on était obligé d'atteindre avec l'ancien procédé. Le linge est
« mieux nettoyé, il a subi moins de détérioration, et on a obtenu une
« économie notable de combustible et de potasse.

« Un mot sur la manière de fonctionner de cet appareil donnera
« l'idée de sa commodité. Une chaudière produit la vapeur qui, par
« un tuyau, vient plonger dans un récipient fermé, contenant la lessive
« d'abord froide. La vapeur passe sur cette lessive qui, refoulée, monte dans
« un tube, se rend sur le cuvier, traverse le linge et rentre par un autre
« conduit dans le récipient. Une soupape à l'extrémité de ce tube de
« retour, un flotteur avec robinet fixé sur le tube de vapeur, et un petit
« serpentin servent à empêcher la lessive de faire fausse route en entrant
« par le bas du cuvier, à rendre intermittente l'ascension du liquide et
« à accélérer l'élévation de température de la lessive qui, vers la fin de
« l'opération, ne serait pas assez chauffée par l'arrivée directe de la vapeur
« dans le récipient. Une médaille d'argent a été décernée, à la dernière
« exposition, à l'inventeur de cet appareil qui est aujourd'hui la propriété
« de Mme Ducoudun, et qui est employé dans quelques lavoirs de Paris.

« Le savonnage se fait, après la lessive, avec de l'eau froide, de l'eau
« chaude ou de l'eau alcaline, dans des baquets que les lavoirs mettent
« à la disposition des laveuses.

« Le passage à l'eau de javelle ne se pratique généralement que
« par les blanchisseuses de profession, qui tiennent plus à la blancheur
« qu'à la conservation du linge.

« Le rinçage est destiné à débarrasser le linge des dissolutions savonneuses
« qu'il a retenues ; il se fait préférablement à l'eau de puits, qui convient
« mieux aussi pour le passage au bleu.

« L'essorage est une opération qui ne s'exécute que dans quelques
« lavoirs, et à laquelle, à tort, il nous semble, on renonce dans
« plusieurs. Elle consiste à remplacer la torsion du linge à la
« main, par une dessication partielle, résultant d'un mouvement de
« rotation très accéléré, auquel on soumet les pièces dans un espace
« annulaire grillagé, mis en mouvement par un homme. Cette
« petite machine, dont la vitesse est d'environ 20ᵐ par seconde à la
« circonférence, permet, en dix minutes, d'enlever à 40 ou 45 kᵒˢ de
« linge lavé une quantité d'humidité assez considérable pour que le
« doigt ne soit pas sensiblement mouillé au contact des pièces
« qui en sortent. Les laveuses ont généralement de la répugnance
« à se servir de cet appareil, qu'elles supposent, à tort, endommager
« le linge.
« Le séchage, enfin, qui devrait pouvoir se faire promptement,
« à l'aide de la chaleur, ne se fait pas, dans un grand nombre
« de lavoirs; les femmes emportent leur linge, ou à peine
« tordu ou essoré. Il y aurait de grandes améliorations à introduire
« sur ce point et ces améliorations seraient de véritables bienfaits
« au point de vue de l'hygiène. Cette habitude qu'ont les
« femmes de charger sur leurs épaules des masses humides,
« quand elles viennent de s'échauffer à un rude travail doit
« causer de nombreuses maladies; et la nécessité où elles se
« trouvent d'étendre leur linge chez elles, dans des localités
« étroites, dépourvues d'air, ne présente que de nouvelles conditions
« d'insalubrité ajoutées à celles qui existent déjà dans tant de
« logements d'ouvriers nécessiteux. »

LAVOIR POUR 14 LAVEUSES, ET BAINS
DE 4 BAIGNOIRES

Cet établissement est situé sur le bord d'un cours d'eau naturel, dont la berge a peu d'élévation.

a .   Entrée des bains et du lavoir.

b .   Vestibule des bains et du lavoir, donnant aussi entrée à la buanderie et au local du générateur.

c .   Bureau de contrôle des bains et du lavoir.

dd.   Cabinets de bains.

ee.   Degrés pour descendre du Vestibule au lavoir.

f .   Buanderie dont le sol est au niveau de celui du lavoir.

gg.   Cuviers à lessive. Ils sont élevés d'environ 2ᵐ au dessus du sol, sur une estrade au dessous de laquelle est placé l'appareil à lessive, fonctionnant spontanément par la pression de la vapeur du générateur.

h .   Porte par laquelle on communique de plain-pied, de la buanderie au lavoir.

ii.   Tablettes à claire voie, pour recevoir le linge lessivé ou à lessiver.

k .   Local du générateur et des réservoirs d'eau froide et d'eau chaude.

l .   Générateur.

mn.   Réservoirs d'eau chaude et d'eau froide; dans le réservoir d'eau chaude est renfermé un petit réservoir pour l'eau ayant servi aux lessives, laquelle est distribuée aux laveuses, pour les savonnages. Cette lessive est envoyée dans le réservoir, au moyen d'une petite pompe ou, mieux, par la pression de la vapeur.

o.   Pompe à bras pour élever l'eau nécessaire aux bains et aux lavoirs.

p.   Escalier montant au séchoir à air chaud, au séchoir à air libre et à la salle de repassage.

q.   Lavoir pour 14 laveuses.

r.   Tonnes enfoncées dans le sol, pour mettre les laveuses à hauteur convenable pour leur travail.

s.   Chevalets pour recevoir le linge lavé

t   Cases à savonner. Elles renferment chacune un baquet.

Plan du 1ᵉʳ étage.

a.   Séchoir à air chaud. Il est chauffé par la circulation de la fumée du générateur placé au dessous.

b.   Séchoir à air libre, pour la belle saison; il est divisé en compartiments fermés et séparés par des cloisons à jour, en treillage.

c.   Salle de repassage.

d.   Fourneaux pour les fers à repasser.

Prix approximatif d'exécution 24,000ᶠ

ÉLÉVATION.

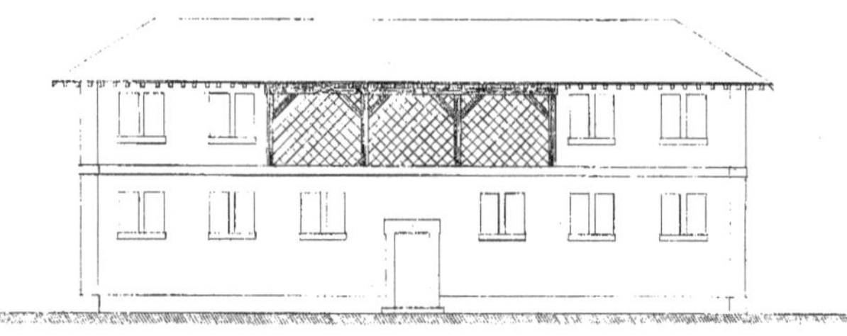

PLAN DU 1ᵉʳ ÉTAGE.

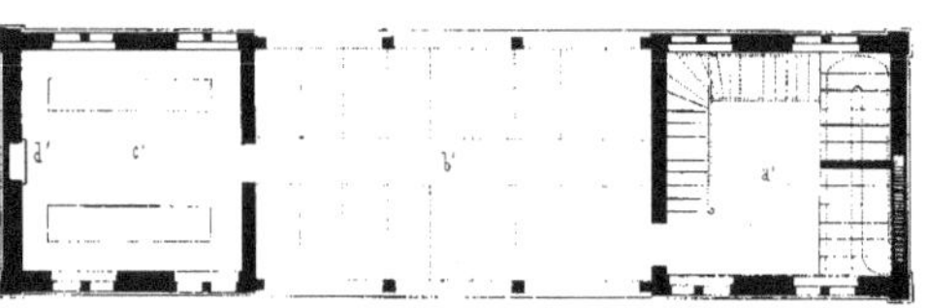

PLAN DU REZ-DE-CHAUSSÉE.

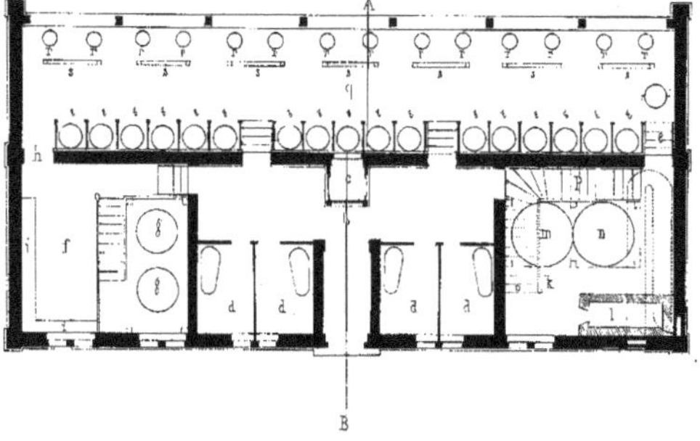

COUPE SUIVANT LA LIGNE A B.

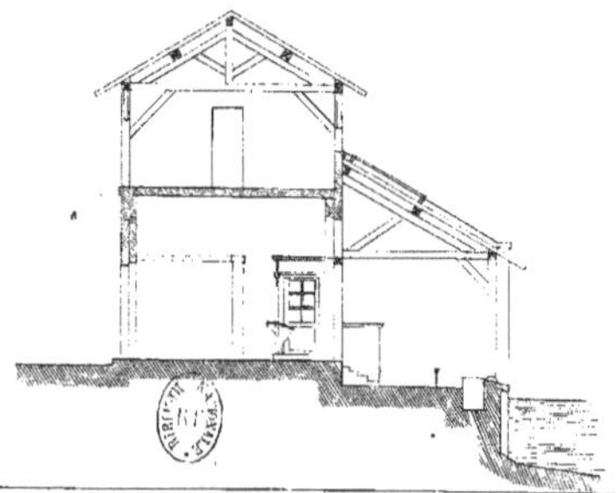

LAVOIR POUR 18 LAVEUSES, ET BAINS
DE 14 BAIGNOIRES.

Cet établissement est situé sur le bord d'un cours d'eau naturel, dont la berge est élevée de plusieurs mètres.

a. Entrée des bains et du lavoir.

b. Vestibule des bains et du lavoir ; il donne entrée à la buanderie et au local du générateur.

c. Bureau de contrôle des bains et du lavoir.

dd. Rampes descendant du vestibule au lavoir.

ee. Cabinets de bains.

f. Escalier conduisant aux cabinets de bains du 1.er étage. Ces cabinets ont accès par un balcon indiqué dans la coupe.

g. Buanderie dont le sol est au niveau de celui du vestibule. Au dessous est une cave où est placé l'appareil à lessive fonctionnant spontanément par la pression de la vapeur. On descend à cette cave par un escalier placé sous l'escalier h.

h. Escalier qui monte aux séchoirs à air libre.

ii. Tablettes à claire-voie pour déposer le linge lessivé ou à lessiver.

k. Cuviers à lessive. Les réservoirs d'eau chaude et d'eau froide sont placés au dessus de ces cuviers. Dans l'intérieur du réservoir à eau chaude est un petit réservoir pour l'eau provenant des lessives,

laquelle se distribue aux laveuses, pour faciliter les savonnages.

ll. Escaliers montant au séchoir à air libre.

m. Local du séchoir à air chaud et du repassage.

n. Étuves chauffées par la circulation de la fumée du générateur placé dans la cave au dessous.

o. Table à repasser

p. Lavoir.

q. Tonnes enfoncées dans le sol, pour mettre les laveuses à hauteur convenable pour leur travail.

r. Tréteaux pour recevoir le linge lavé

s. Baquets pour le savonnage.

t. Essoreuses.

Prix approximatif d'exécution 29,000 f.

ÉLÉVATION.

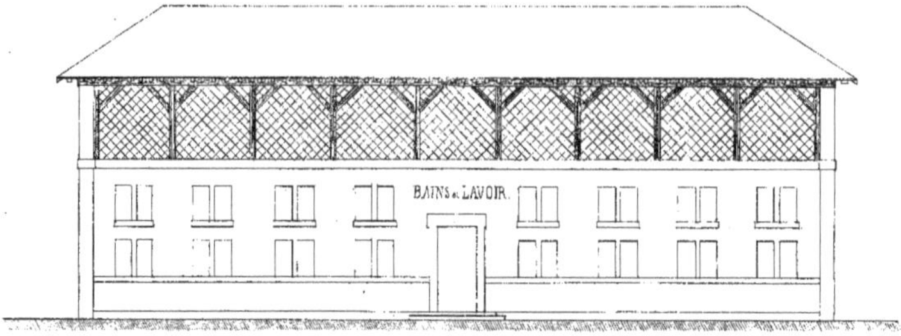

PLAN DU REZ-DE-CHAUSSÉE.

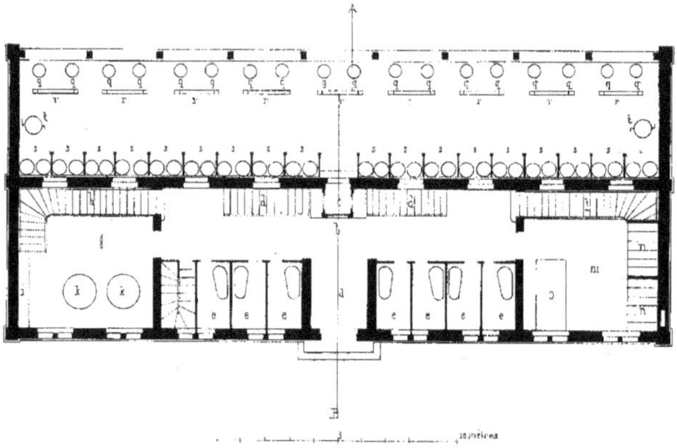

COUPE SUR LA LIGNE AB.

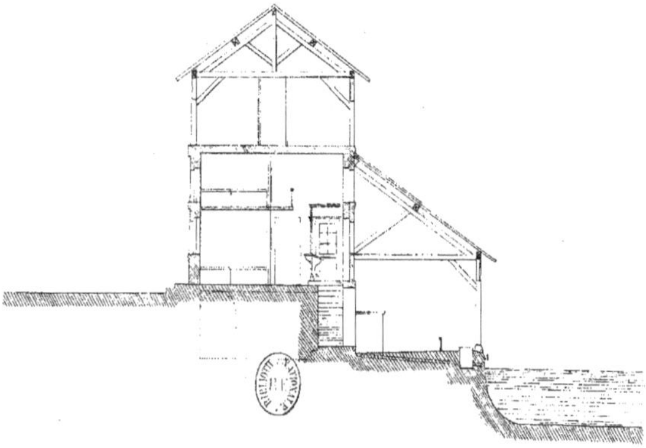

LAVOIR POUR 26 LAVEUSES, ET BAINS
DE 4 BAIGNOIRES.

Cet établissement est situé sur un petit cours d'eau, naturel ou artificiel.

a. Entrée des bains et du lavoir.

b. Vestibule commun aux bains et au lavoir, et donnant entrée à la buanderie et au local du générateur.

c. Bureau de contrôle des bains et du lavoir.

d. Degrés descendans du vestibule au lavoir.

e. Buanderie dont le sol est au niveau de celui du lavoir.

f. Cuviers à lessive. Ils sont élevés d'environ 2.m au dessus du sol. Au dessous est placé l'appareil à lessive, fonctionnant spontanément par la pression de la vapeur.

g. Porte communiquant de plain pied au lavoir.

h. Tablettes à claire-voie, pour recevoir le linge lessivé ou à lessiver.

i. Cabinets de bains.

k. Local du générateur et des réservoirs d'eau froide et d'eau chaude.

l. Générateur.

m. Réservoirs d'eau froide et d'eau chaude. Dans le réservoir d'eau chaude est renfermé un petit réservoir pour l'eau ayant servi aux lessives; laquelle est distribuée aux laveuses.

n. Pompe à bras pour élever l'eau des bains et du lavoir.

o. Escalier montant aux séchoirs à air chaud et a air libre et à la salle de repassage.

p. Lavoir pour 26 laveuses.

q. Bassin. Le niveau de l'eau est un peu au dessous de celui du sol, à cause de la position du cours d'eau qui alimente le lavoir.

r. Tonnes renfoncées dans le sol pour mettre les laveuses à hauteur convenable pour leur travail.

s. Blocs en bois, ou batteries pour le lavage.

t. Cases pour le savonnage; elles sont garnies chacune d'un baquet.

1.er Étage.

Le premier étage situé au dessus des bains, de la buanderie et du générateur est occupé par un séchoir à air chaud, un séchoir à air libre et une salle de repassage; sa disposition est la même que celle du 1.er étage du projet N.º 1, dont le plan a été donné dans ce projet.

Prix approximatif d'exécution 25,000ᶠ

ÉLÉVATION.

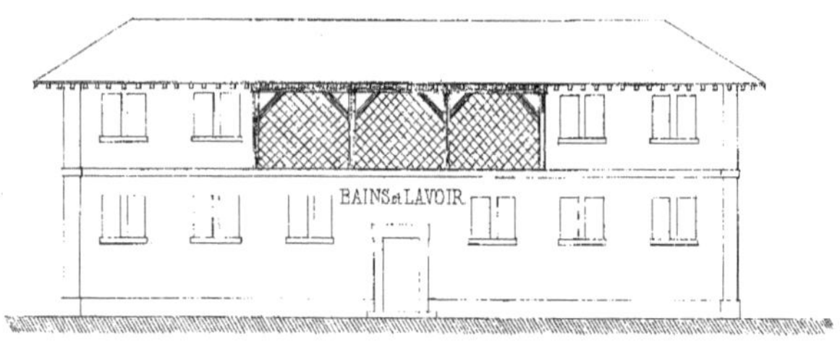

PLAN DU REZ DE-CHAUSSÉE

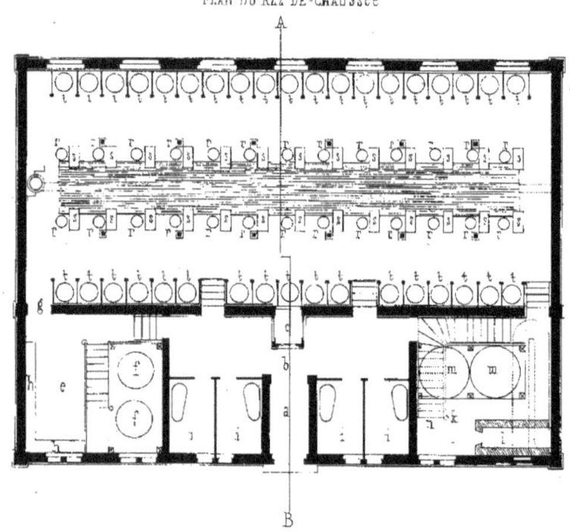

COUPE SUR A.B.

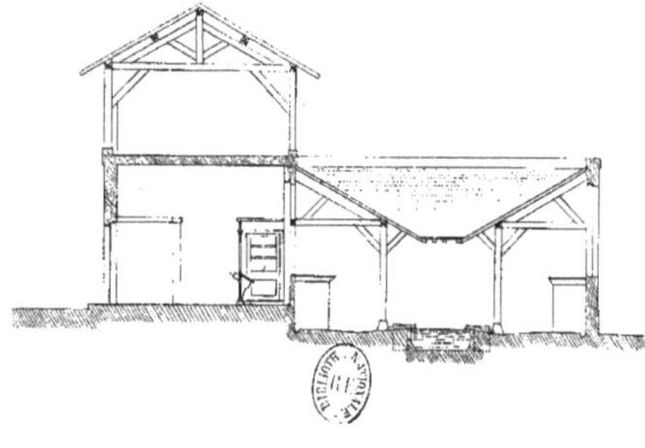

LAVOIR POUR 32 LAVEUSES, ET BAINS
DE 10 BAIGNOIRES.

Cet établissement est alimenté par les eaux d'une Fontaine ou par celles d'un réservoir.

a. Hangard formant galerie d'entrée aux bains et au lavoir. Elle dessert aussi la buanderie.

b. Bureau de contrôle des bains et du lavoir.

c. Cabinets de bains. Au dessus de ceux-ci est un 1.er étage contenant même nombre de cabinets et auquel on arrive par l'Escalier d.

d. Escalier montant au 1.er étage des bains et au séchoir à air libre, qui occupe tout le dessus du lavoir.

e. Escalier montant au séchoir à air libre.

f. Buanderie et local des réservoirs; au dessous est une cave dans laquelle sont disposés le générateur et l'appareil à lessive, fonctionnant par la pression de la vapeur. Les réservoirs d'eau chaude et d'eau froide sont élevés sur une construction en charpente.

g. Escalier qui monte aux réservoirs.

h. Cuviers à lessive.

i. Tablettes à recevoir le linge lessivé

ou à lessiver.

k. Lavoir.

l. Bassin divisé en deux compartimens par une cloison munie d'une vanne, et ayant chacun une bouche d'alimentation, une bonde de vidange et un tuyau de trop-plein.

m. Essoreuses.

n. Cases à savonner; elles sont garnies chacune d'un baquet.

o. Séchoir à air chaud, chauffé par des foyers spéciaux, placés dans la cave au dessous.

p. Escaliers descendans aux fourneaux du séchoir.

q. Salles de repassage.

r. Fourneaux pour chauffer les fers à repasser.

s. Cabinets d'aisance.

t. Petites cours.

Prix approximatif d'exécution 40,000.f

PLAN DU REZ DE CHAUSSÉE.

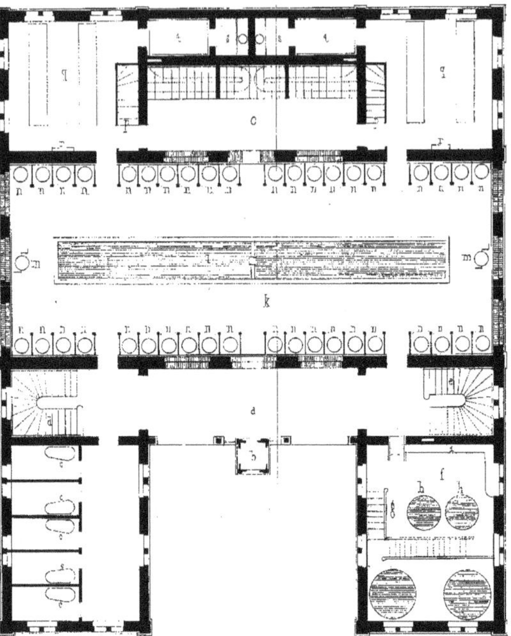

FAÇADE DU LAVOIR.

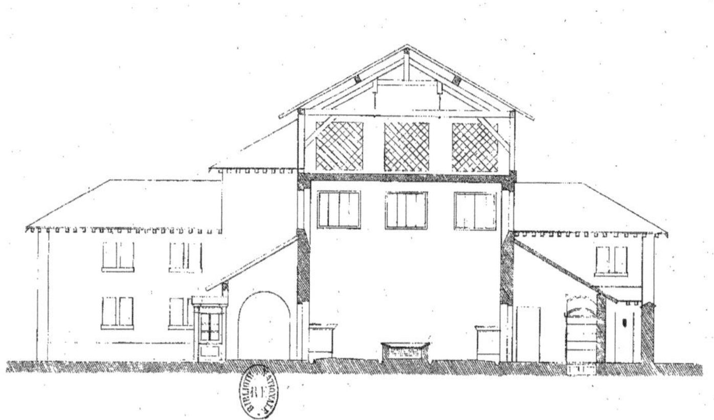

COUPE SUR LA LIGNE A B

BAINS ET LAVOIR PUBLICS, EXÉCUTÉS
A ROUEN, RUE DU GRIL.

Cet établissement est alimenté par l'eau chaude provenant de deux machines à vapeur d'une usine voisine.

a   Impasse donnant sur la rue du gril.

bc.   Deux salles contenant cinq baignoires en maçonnerie renfermées dans des cabinets formés par des cloisons en menuiserie, de 2.ᵐ de hauteur. La salle à deux baignoires est affectée aux bains de 2.ᵐᵉ classe; on y entre par le lavoir.

d.   Lavoir. Les laveuses sont mises à couvert par deux combles en appentis, laissant entre eux un espace non couvert, de 1.ᵐ de largeur.

e.   Bassin du lavoir payant.

f.   Bassin du lavoir gratuit.

g.   Point auquel l'eau des machines arrive dans l'établissement.

h.   Conduit horizontal en maçonnerie, dont le niveau est le même que celui du réservoir. Il alimente les baignoires au moyen de petites prises d'eau garnies de tampons en bois.

i.   Petite vanne dérasée à 0,10 au dessus du fond du conduit h. et dont l'arête supérieure forme déversoir et laisse couler au lavoir toute l'eau qui n'est pas nécessaire aux bains.

k.   Conduit recevant la vidange des baignoires.

l.   Conduit de vidange des bassins.

m.   Vanne qui ferme ce conduit et qui retient l'eau des bassins à la hauteur convenable.

no.   Réservoir divisé en deux parties inégales. La plus grande o est alimentée d'une manière intermittente; l'eau y séjourne pour se refroidir.

p.   Tonnes renfoncées dans le sol pour mettre les laveuses à la hauteur convenable pour leur travail.

q.   Blocs en bois pour battre le linge; ils sont inclinés de manière à jeter hors des bassins les eaux sales.

BAINS ET LAVOIR, RUE DU GRIL, A ROUEN.

COUPE SUIVANT A.B.

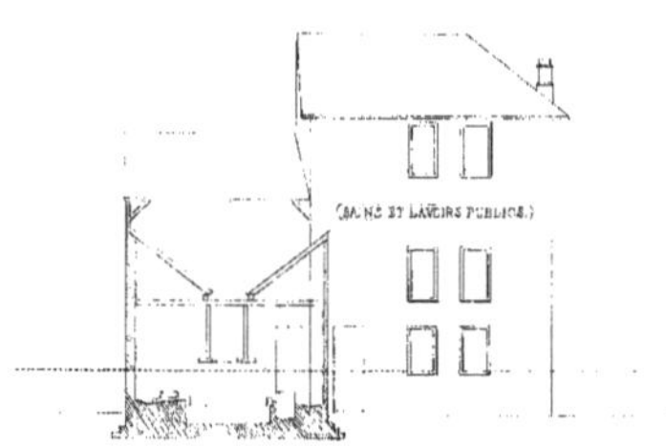

PLAN

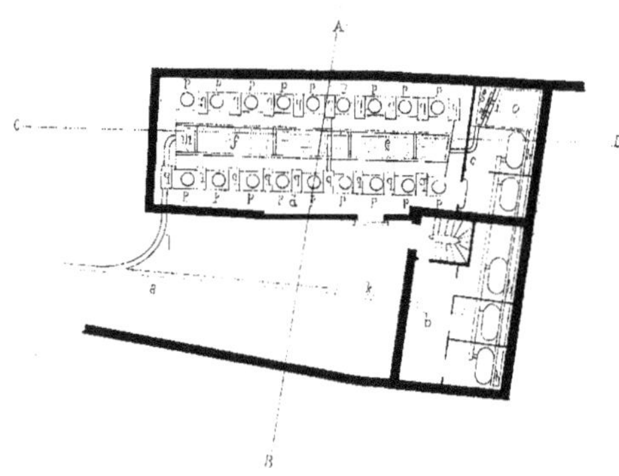

COUPE SUR C.D.

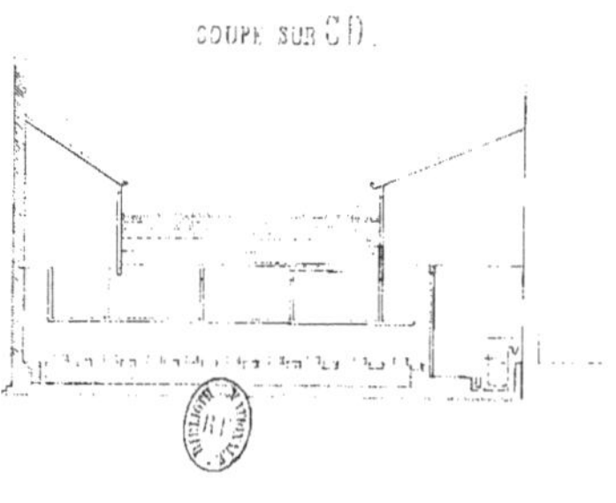

LAVOIR POUR 96 LAVEUSES, ET BAINS
DE 72 BAIGNOIRES.

Cet établissement, destiné à un quartier populeux d'une grande ville, ou à une ville de second ordre, est alimenté par les eaux des réservoirs publics.

a. Entrée du lavoir.

b. Bureau de contrôle du lavoir.

c. Lavoir.

d. Deux bassins divisés chacun en 4 compartimens par des cloisons garnies de vannes. Chacun de ces bassins a une bouche d'alimentation, une bonde de vidange et un trop-plein; ce qui permet de renouveler l'eau d'un bassin, sans vider les autres.

e. Cases pour le savonnage; elles sont garnies de baquets.

f. Cabinets d'aisance ventilés.

g. Cheminée du générateur.

g′ Essoreuses.

h. Essangerie avec bassin divisé en deux compartimens disposés comme les précédents.

i Tablettes à claire-voie, pour recevoir le linge essangé

k. Buanderie

l. Cuviers à lessive. Au dessous de la buanderie est une cave où est disposé l'appareil à lessive, fonctionnant par la pression de la vapeur.

m. Tablettes à claire-voie, pour recevoir le linge lessivé.

nn. Local des réservoirs d'eau chaude et d'eau froide.

o. Descentes à la cave du générateur et aux fourneaux des séchoirs.

p. Passage au dessous des réservoirs d'eau chaude.

q. Salles de repassage et séchoirs à air chaud.

r. Fourneaux pour chauffer les fers à repasser.

s. Escaliers montant au séchoir à air libre, placé au dessus du lavoir.

tt. Entrée des bains.

uu. Bureau de contrôle des bains.

vv. Entrée des bains de 2ème classe.

xx. Entrée des bains de 1ère classe.

zz. Escaliers montant à la partie du 1er étage ajoutée aux bains de 2ème classe.

Prix approximatif d'exécution 200,000ᶠ.

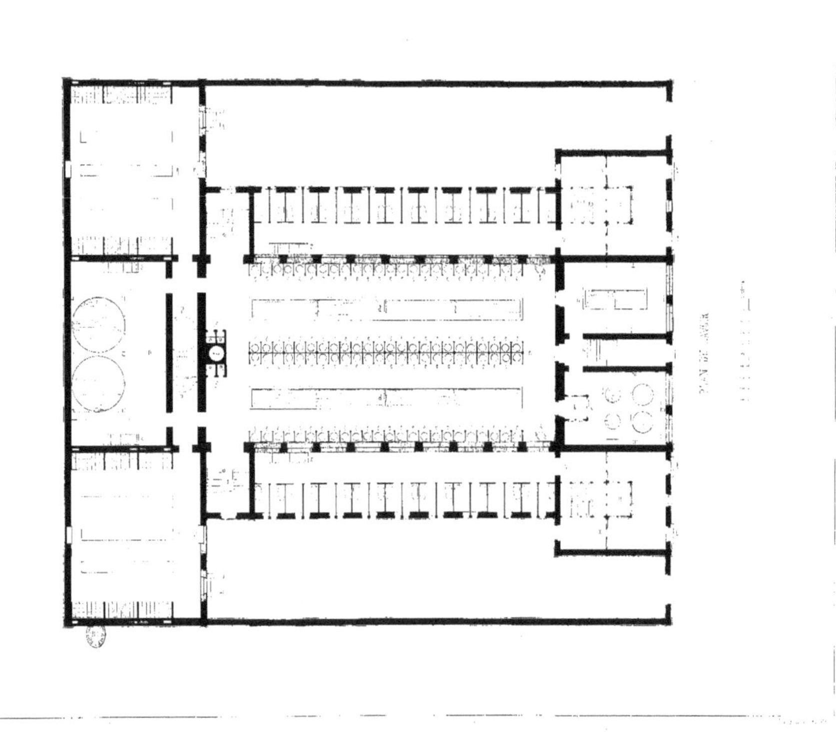

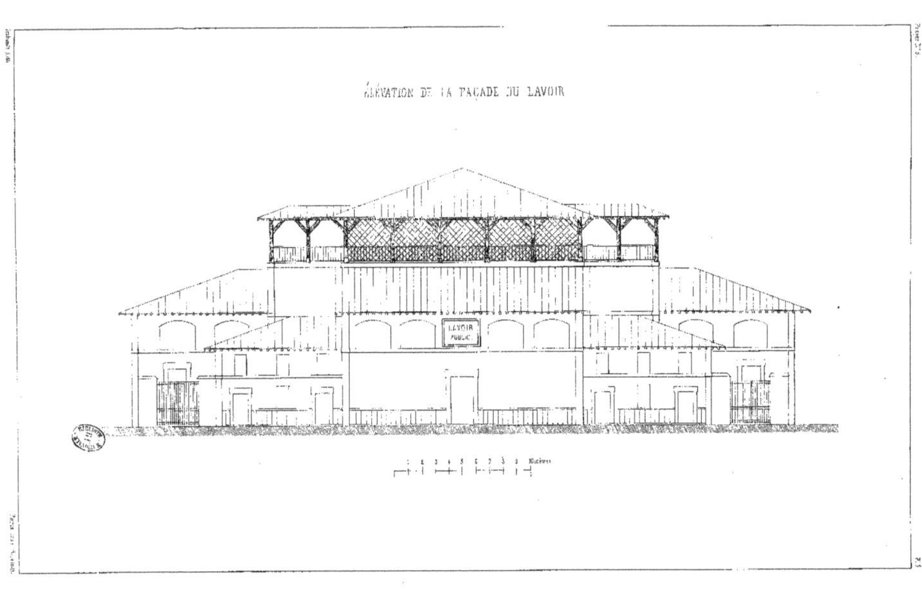

ÉLÉVATION DE LA FAÇADE DU LAVOIR
LAVOIR PUBLIC

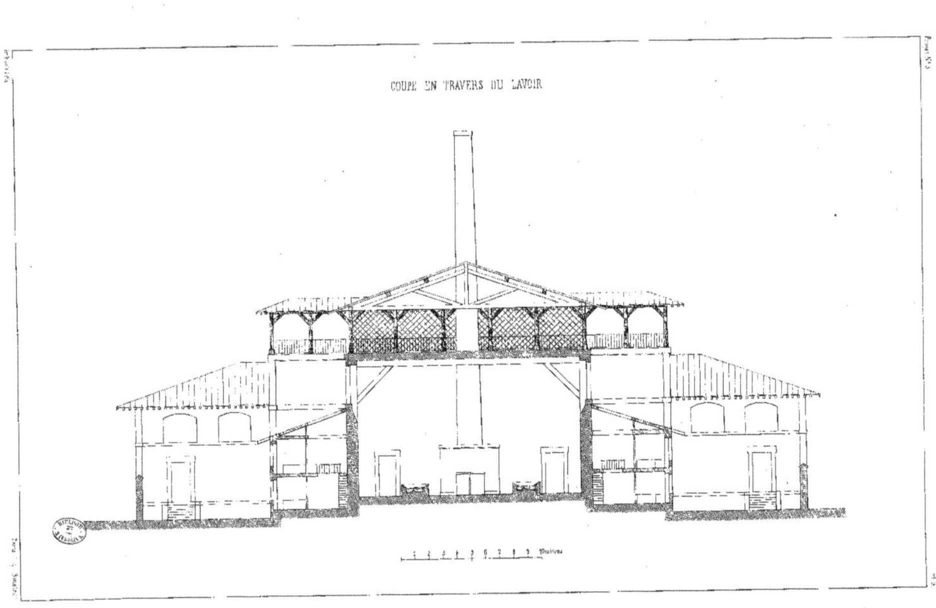

COUPE EN TRAVERS DU LAVOIR
1 2 3 4 5 6 7 8 9 10 Mètres

DÉTAILS D'UN SÉCHOIR.

Figure 1re

Elle présente le plan d'un des séchoirs à air chaud du projet N°5. Ce séchoir se compose de trois compartimens séparés par des cloisons. Chacun de ces compartimens contient huit chevalets ou tiroirs verticaux, dans lesquels le linge à sécher est placé sur des tringles en fer galvanisé. Ces tiroirs se meuvent sur des rails en fer, au moyen de roulettes. Le 1er compartiment, à gauche de la figure, indique ces tiroirs rentrés dans leur case; on a indiqué la projection des tringles qui supportent le linge. Le compartiment à droite du précédent indique aussi les tiroirs rentrés dans leur case; mais on a supprimé les projections des tringles qui supportent le linge, pour laisser voir plus clairement la disposition des rails et des roulettes des tiroirs.

Dans le 3ème compartiment on a indiqué le plan du fourneau qui échauffe l'air du séchoir. Ce plan est fait à hauteur du foyer. Les dégrés et le palier indiqués en avant de l'entrée du foyer, servent à élever à hauteur convenable, pour son travail, l'ouvrier chauffeur.

On a indiqué par des lignes ponctuées, le parcours de la fumée, depuis les foyers jusqu'aux cheminées.

Figure 2ème

Elle présente une coupe faite suivant la ligne brisée marquée au plan, en partie sur la longueur du séchoir en passant sur l'un des foyers, et en partie en avant de ce séchoir en passant devant le second foyer. Elle montre les tuyaux de circulation de la fumée de ces foyers. Ces tuyaux sont en tôle et isolés, de tous côtés, dans une cavité qui est en communication directe avec l'air du séchoir. Cette coupe fait voir aussi les solives en fer sur lesquelles sont placés les rails, et les tringles en fer galvanisé sur lesquelles on étend le linge. Au dessous du séchoir, elle indique un large conduit en maçonnerie, servant à conduire au dehors la vapeur qui se dégage du linge, et les ouvertures fermées de soupapes qui établissent, à volonté, une communication entre ce conduit et le séchoir. La portion à droite de cette figure montre la face des tiroirs, avec les poignées par lesquelles on les tire. Elle montre au dessous la face du fourneau, avec l'entrée du 2ème foyer.

Figure 3ème

Elle présente la coupe en travers du séchoir et montre l'un des tiroirs, à moitié tiré, avec la disposition de ses roulettes et des tringles qui supportent le linge. Lorsque le tiroir est entièrement tiré pour qu'on puisse y placer le linge par les deux flancs qui sont à jour, la plaque, ou montant de derrière du tiroir vient fermer l'entrée du séchoir; quand le tiroir est entièrement rentré, c'est la plaque, ou montant de devant, qui ferme cette entrée. Par ce moyen l'air du séchoir ne peut se refroidir que pendant le temps qu'on emploie à tirer ou rentrer chaque tiroir. Cette coupe montre encore la section du conduit par lequel s'échappe la vapeur dégagée du linge, la soupape qui donne passage à cette vapeur, et le mécanisme qui sert à manœuvrer cette soupape; elle fait voir le détail d'un des foyers et les sections des deux parties du tuyau de tôle où circule la fumée; elle montre les solives en fer qui reçoivent les rails. Sur la nervure inférieure de ces solives est fixé un grillage horizontal, en fil de fer, pour préserver de l'incendie le linge qui viendrait à tomber d'un des chevalets.

Figures 4 et 5.

Face et profil des solives en fer.

Figures 6 et 7.

Détails des roulettes des tiroirs.

DÉTAILS D'UN DES SÉCHOIRS.
DU PROJET N° 5

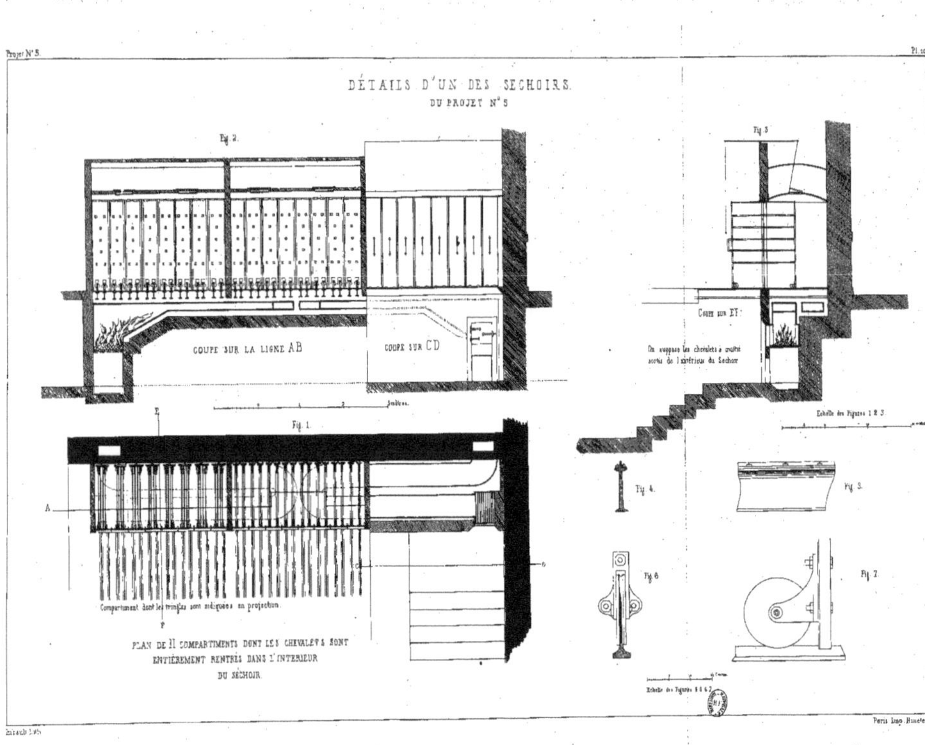

DÉTAILS D'UNE ESSOREUSE,
machine remplaçant mécaniquement la torsion du linge

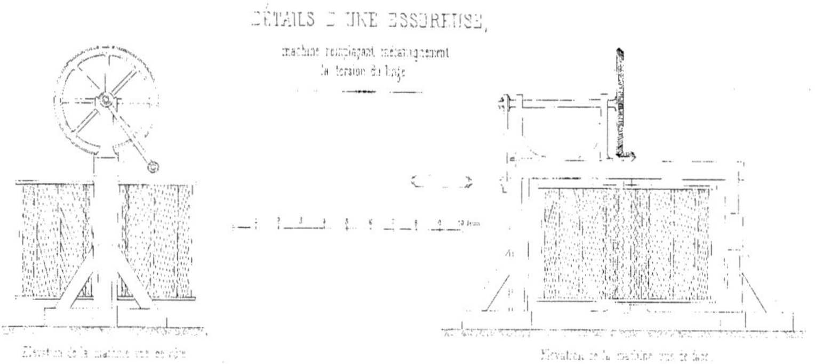

Élévation de la machine vue en bout.

Élévation de la machine vue de face.

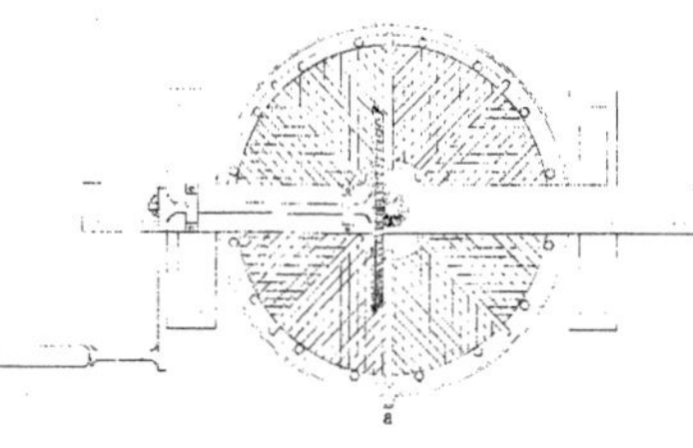

La machine vue par dessus.

8

MACHINE A LAVER, DE Mr JEARRAD.

Cet appareil, imaginé par Mr. Jearrad, de Londres, se compose d'une caisse en bois portée sur quatre pieds. La forme de cette caisse est celle d'un prisme dont la base est à peu près un demi-octogone régulier, ainsi que l'indique la coupe en travers. Le dessus de la caisse est fermé par un couvercle à charnières. A l'intérieur est un agitateur monté sur un axe, et qui occupe toute la longueur de la caisse. Il peut être mis en mouvement au moyen de deux leviers fixés à chacune des extrémités de l'axe. Il se compose d'un cadre en bois, rempli à l'intérieur par des barreaux, et représentant un gril. A droite et à gauche de cet agitateur, et placés parallèlement à son axe, sont deux chassis de même longueur et de même construction montés, à tourillons, sur les deux bouts de la caisse, et pouvant prendre, à volonté, une position verticale, comme l'indique le côté gauche de la coupe en travers, ou une position inclinée, comme l'indique le côté droit. Un tuyau pénétrant dans la caisse par la partie supérieure, permet d'y introduire de l'eau à volonté. Trois petits tubes branchés sur ce tuyau et pouvant communiquer avec de petits réservoirs, ou se terminer par des entonnoirs, servent à introduire dans l'appareil les divers fluides qu'on veut mélanger à l'eau. A la partie inférieure de la caisse est un tuyau de décharge, muni d'un robinet, pour vider l'eau salie par le lavage.

Les choses ainsi disposées, voici comment fonctionne l'appareil: le couvercle de la caisse étant ouvert, on relève les deux chassis à tourillons placés à droite et à gauche de l'agitateur, et on leur fait prendre la position indiquée à la partie gauche de la coupe en travers; on place alors dans le fond de la caisse, de chaque côté de l'agitateur, le linge à laver, en le tassant légèrement, et en ayant soin de ne remplir la caisse que jusqu'à moitié de la hauteur de l'agitateur. On abaisse alors les deux chassis à tourillons, et on les fixe par leurs crochets dans la position indiquée à droite de la coupe en travers, puis on introduit dans la caisse, par le tuyau supérieur, l'eau froide ou chaude, pure ou savonneuse, selon le genre d'opération que l'on veut faire. On en met assez pour recouvrir de deux à trois centimètres les objets à laver. On ferme alors le couvercle de la caisse, on l'assujettit par ses crochets, et, au moyen des deux leviers en fer adaptés aux extrémités de l'axe de l'agitateur, on met en mouvement cet agitateur qui vient, alternativement, presser le linge contre les deux chassis à tourillons déjà décrits. Un filet qui passe sur l'agitateur, et qui se relève le long des parois de la caisse, empêche le linge de s'engager entre l'agitateur et le fond du coffre.

Quand l'agitateur a battu un nombre de coups suffisant, ce dont on s'assure par l'état de malpropreté de l'eau, on ouvre le robinet de décharge et l'on continue de faire agir l'agitateur, qui exprime, en grande partie, l'eau contenue encore dans le linge. On introduit alors une nouvelle dose de liquide ou un liquide différent, suivant les besoins de l'opération, et l'on continue jusqu'à ce que le lavage soit complet.

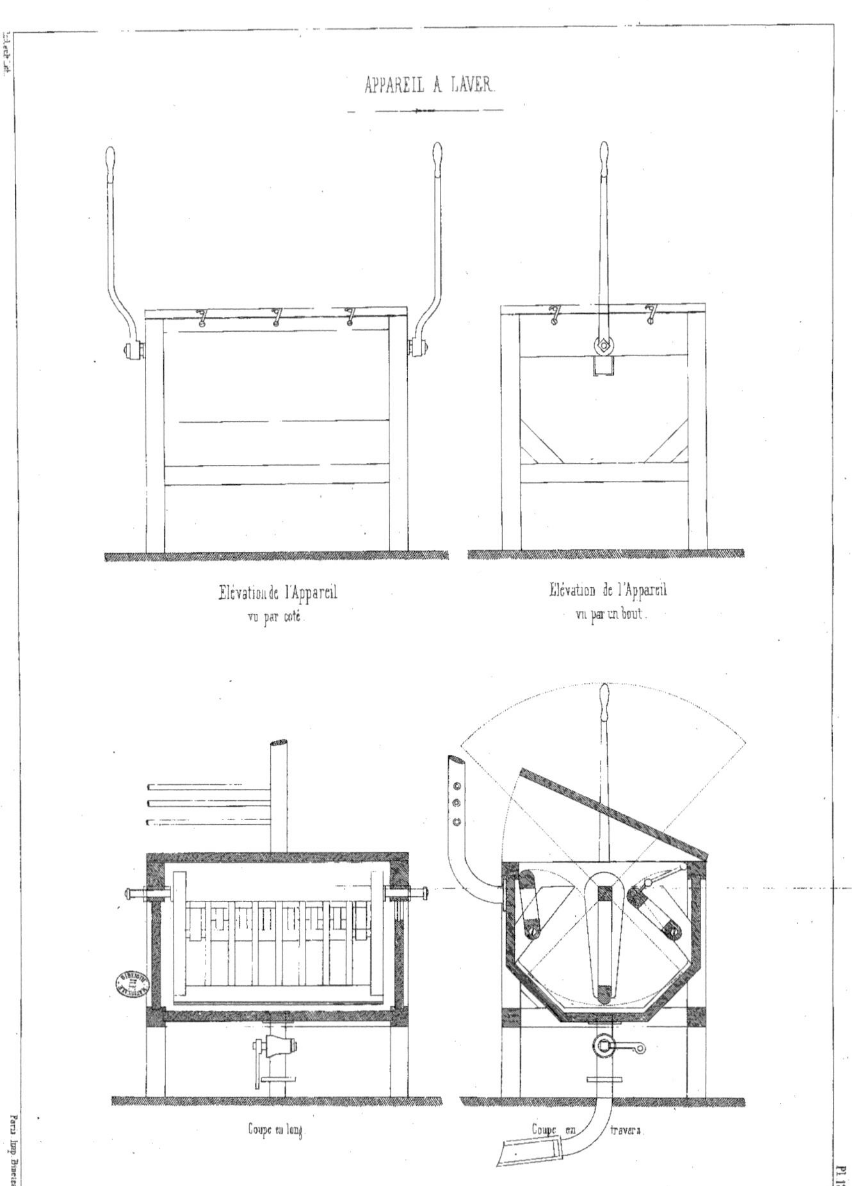

APPAREIL A LAVER.
Elévation de l'Appareil
vu par coté.
Elévation de l'Appareil
vu par un bout.
Coupe en long.
Coupe en travers.
Paris Imp. Bineteau.
Pl 12.